글로벌 이슈 ❶ 기후 변화

날씨가 이상해요

글로벌 이슈 ❶ 기후 변화

날씨가 이상해요

초판 1쇄 발행 2019년 10월 30일
초판 3쇄 발행 2025년 10월 30일

글쓴이 이현숙
그린이 홍선미

편집장 천미진
편 집 최지우, 김현희
디자인 최윤정
마케팅 한소정
경영지원 한지영

펴낸이 한혁수
펴낸곳 도서출판 다림
등 록 1997. 8. 1. 제1-2209호
주 소 07228 서울시 영등포구 영신로 220 KnK 디지털타워 1806호
전 화 02-538-2913 | 팩 스 070-4275-1693
블로그 blog.naver.com/darimbooks
다림 카페 cafe.naver.com/darimbooks
전자 우편 darimbooks@hanmail.net

ISBN 978-89-6177-209-9 (73400)

ⓒ 2019 이현숙, 홍선미

이 책 내용의 일부 또는 전부를 사용하려면 반드시 저작권자와 도서출판 다림의 서면 동의를 받아야 합니다.
책값은 뒤표지에 있습니다.

제품명: 글로벌 이슈 ❶ 기후 변화 날씨가 이상해요	제조자명: 도서출판 다림	제조국명: 대한민국
전화번호: 02-538-2913	주소: 서울시 영등포구 영신로 220 KnK 디지털타워 1806호	
제조년월: 2025년 10월 30일	사용연령: 10세 이상	
※KC마크는 이 제품이 공통안전기준에 적합하였음을 의미합니다.		

⚠ 주 의

아이들이 모서리에 다치지
않게 주의하세요.

글로벌 이슈 ❶ 기후 변화

날씨가 이상해요

이현숙 글 | 홍선미 그림

다림

1장 숨이 턱턱 막혀요

왜 자꾸 더워지는 걸까요? _8
온실가스가 왜 문제일까요? _12
북극의 기온이 오르면? _18
남극의 상황은 어떨까요? _22
유럽에서는 무슨 일이 일어났을까요? _24
기후 변화를 늦추려면 _26

 온실가스가 뭐예요 _11
재생 가능 에너지의 종류 _28

 세계의 친구들은
미국 정부를 고소한 제이미 _30

2장 코가 간질간질 머리가 지끈지끈

왜 답답한 마스크를 하게 된 걸까요? _34
미세 먼지는 뭘까요? _36
미세 먼지는 정말 중국 탓일까요? _42
전기 자동차가 궁금해요 _50

자동차 회사들의 거짓말 _45
대기 오염을 줄여요 _46

세계의 친구들은
등교 거부 운동을 펼친 툰베리 _54

3장 고기반찬을 줄이라고요?

음식이랑 날씨랑 무슨 상관일까요? _58
사람들은 고기를 얼마나 먹을까요? _62
고기랑 지구는 무슨 관계일까요? _66

육류를 줄이는 사람들 _69

세계의 사람들은
육류 소비 줄이기 _70

퀴즈퀴즈 _72
행동하기 _74
더 알아보기 _76
퀴즈퀴즈 정답 _78

1장

숨이 턱턱 막혀요

왜 자꾸 더워지는 걸까요?

"어휴, 날씨가 왜 이렇게 더워."

"너무 더워서 길을 걸어 다닐 수가 없네."

누구나 한 번쯤은 사람들이 날씨에 대해 불평하는 소리를 들어 봤을 거예요. 또, 학교에 가면 친구들이 작은 손 선풍기를 하나씩 들고 있는 모습이 더 이상 낯설지 않지요.

어른들은 하나같이 이런 더위는 처음이라고 혀를 내둘러요. 그렇다면 왜 우리는 이런 더위를 맛보게 된 걸까요? 그 이유를 알기 위해서는 우선 우리 생활 방식을 돌아볼 필요가 있어요.

현대 사회는 전기가 없으면 모든 일이 마비될지 몰라요. 어둠을 밝혀 주는 전등부터 텔레비전, 냉장고, 컴퓨터, 스마트폰까지 우리가 생활하는 데 필요한 모든 것들이 전기를 필요로 하지요. 그만큼 우리는 전기에 의존해서 살아간다고 할 수 있어요. 그런데 우리가 쓰는 전기는 어떻게 만들어지는 걸까요?

전기를 생산하는 데에 사용되는 원료는 다양하지만, 그중 화석 연료가

화석 연료

오래전 지구상에서 살았던 생명체로부터 생겨난 유기물*이 땅속에서 오랜 세월을 거치면서 변화된 거예요. 석탄, 석유, 천연가스 등이 화석 연료에 속해요.

*유기물 : 식물의 몸, 식물을 먹고 사는 곰팡이, 동물의 몸 등 생명력의 작용으로 만들어지는 모든 물질

폭염 경보가 발령된 서울 거리예요.
지열로 아지랑이가 피어오르고 있어요.

차지하는 비중이 가장 커요. 석탄의 비중은 무려 31퍼센트에 달하지요. 화석 연료는 기후 변화를 가속화하는 일등 공신이에요.

그런데 한국은 이러한 화석 연료를 많이 수입해 사용하고 있지요. 2024년 기준으로, 한국은 세계에서 4번째로 석유, 석탄, 천연가스를 많이 수입했답니다. 전 세계가 화석 연료 사용량을 줄이려 노력하고 있지만 여전히 인류는 에너지의 대부분을 화석 연료에서 얻어요.

이처럼 화석 연료를 마구 소비하는 인류의 생활 방식 때문에 온실가스가 증가하기 시작했고, 지구의 기온이 점차 올라가게 된 거예요.

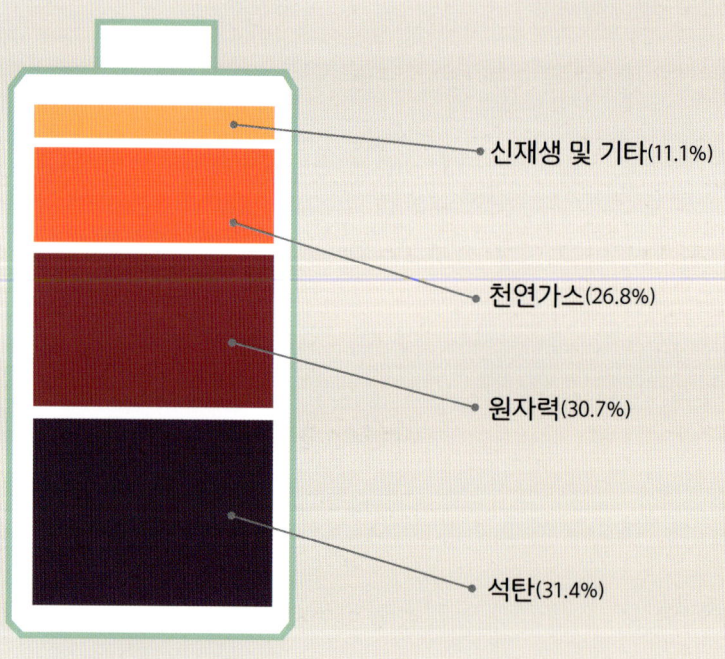

전기를 생산하는 원료

- 신재생 및 기타 (11.1%)
- 천연가스 (26.8%)
- 원자력 (30.7%)
- 석탄 (31.4%)

자료출처 : 국가에너지통계종합정보시스템(2023년)

온실가스가 뭐예요

온실가스는 대기 중에 있는 열이 밖으로 빠져나가지 못하도록 막는 역할을 하는 기체를 말해요. 온실가스의 대표적인 예는 다음과 같아요.

이산화 탄소

화석 연료를 태울 때 주로 발생하는 기체예요. 하지만 나무를 자르고 땅을 파헤치면서 개발을 할 때에도 많이 발생하지요.

메탄

농사를 짓거나, 가축을 기를 때 발생하는 기체예요. 쓰레기를 땅에 묻을 때도 발생하지요. 온실가스에서 차지하는 비율은 이산화 탄소보다 낮지만, 온실 효과는 이산화 탄소보다 20배 이상 높아요.

아산화 질소

공장의 매연, 화력 발전소의 배출 가스, 자동차의 배기가스에서 주로 발생해요. 특히, 인체에 악영향을 끼쳐요. 만성 기관지염이나 폐렴 등을 불러일으키지요.

온실가스가 왜 문제일까요?

온실가스는 지구에 사는 생명체에게 꼭 필요해요. 만약 온실가스가 없다면 태양열이 모두 지구를 빠져나가게 되지요. 그럼 지구의 온도는 너무 낮아서 사람은 물론 수많은 동식물이 살 수 없는 환경에 놓이게 된답니다. 예를 들어, 겨울에 오렌지를 기르기 위해 비닐하우스를 지었다고 가정해 봐요. 햇빛이 비닐을 통과하여 비닐 안 온도를 상승시켜요. 그럼 비닐은 햇빛으로 따뜻해진 공기가 밖으로 빠져나가지 못하도록 막지요. 온실가스는 바로 이런 비닐과 같은 역할을 하는 거랍니다.

하지만 문제는 지난 150년간 온실가스가 큰 폭으로 증가했다는 거예요. 온실가스가 증가한 가장 큰 원인은 화석 연료의 사용이에요. 산업 혁명이 일어난 18세기부터 사람들은 화석 연료인 석탄을 사용하기 시작했어요. 그러자 이산화 탄소 발생량이 일직선 모양으로 가파르게 상승하기 시작했지요. 또한, 화석 연료로 전기를 생산하는 과정에서 이산화 탄소의 배출이 많아졌지요. 이산화 탄소는 기후 변화를 일으키는 온실가스의 80퍼센트 이상을 차지할 만큼 그 비중이

6대 온실가스

이산화 탄소, 메탄, 아산화 질소, 수소 불화 탄소, 과불화 탄소, 육불화황을 말해요. 그중 수소 불화 탄소와 과불화 탄소, 육불화황은 음식을 차갑게 유지해 주는 냉장고와 시원한 바람을 만들어 주는 에어컨의 냉매로 사용되어요. 또, 반도체를 만들 때도 쓰인답니다.

이산화 탄소

메탄

아산화 질소

수소 불화 탄소

과불화 탄소

육불화황

높아요. 그래서 이산화 탄소의 발생을 줄이는 일이 매우 시급하답니다.

지구의 기온이 상승하게 되면 무슨 일이 일어날까요?

폭염이 오면 "너무 더워서 집 밖에 못 나가겠어.", "에어컨 없이는 못 살겠어." 하는 말이 세계 곳곳에서 나오게 돼요. 실제로 2021년 6월, 캐나다 서부 브리티시컬럼비아주에서는 기온이 무려 49.6도까지 올라가 수백 명이 목숨을 잃기도 했어요.

또 기온이 오르면 숲이 바짝 말라서 산불이 자주, 그리고 오랫동안 이어질 수 있어요. 2023년 캐나다에서는 역사상 가장 큰 산불이 일어나 무려 1,500만 헥타르의 숲이 불타 버렸고, 이때 나온 연기로 약 8만 2천 명이 목숨을 잃었지요.

자료 출처 : Contains modified Copernicus Sentinel data 2023

셰브네카이세산 정상 모습이에요.

빙하가 녹아요

스웨덴의 빙하가 뒤덮인 아름다운 산, 셰브네카이세산은
기온 상승으로 남쪽 봉우리의 빙하가 4미터나 녹아내렸어요.
그 바람에 최고봉 자리를 북쪽 봉우리에게 내주었답니다.

우리나라는 어떨까요?

우리가 살고 있는 한국은 세계 5위 안에 드는 화석 연료 수입국이에요. 따라서 기온 상승의 책임에서 예외일 수 없지요. 한국의 2024년 폭염(일일 최고 기온이 33도 이상) 일수는 30.1일이었어요. 그 바람에 더위를 견디지 못하고 응급실에서 사망한 사람의 수가 34명이나 되었지요.

지구의 기온 상승은 여러 가지 이상 기후들을 더 자주 더 강한 형태로 발생시켜요. 그 한 예로 태풍을 들 수 있어요. 태풍은 바다에서 생겨나는 수증기를 유입 받아 형성되어요. 그래서 기온이 높은 여름에 많이 발생하지요. 하지만 온실가스로 인해 지구의 기온이 높아지면서 바다의 수온도 높아졌어요. 그 결과 태풍이 더 자주 발생하게 되었지요.

한국은 여름 바다 수온을 1997년부터 관측하기 시작했는데, 당시 수온은 20.7도였어요. 이후 2010년까지는 매년 약 0.13도씩 꾸준히 상승했고, 2010년을 기점으로는 오름세가 더 가팔라져 2024년에는 23.9도까지 치솟았어요. 이는 최근 10년 중 가장 높은 기록이에요. 수온이 높아지면서 여름이 아닌 10월과 11월에도 대량의 수증기가 발생하기 시작했고, 그 결과 지난 110년 동안 한반도 주변에서 발생한 10월 태풍은 10여 개였는데, 이 중 3개가 2013년 이후에 몰려 있답니다. 다시 말해, 드물게 나타나던 10월 태풍이 이제는 한국에서 점점 더 자주 발생하고 있는 거예요.

국제 사회는 기후 변화의 심각성을 깨닫고, 1997년 일본 교토에서 기후 변화 회의를 열었어요. 온실가스를 줄이자는 약속이 나왔지만, 많은 나라의 관심을 얻지 못했어요. 하지만 지구가 점점 더 뜨거워지자 2015년 프랑스 파리에서 세계 여러 나라가 모여 파리 협정을 맺었지요. 파리 협정은 지구 온도가 1.5도 이상 오르지 않도록 힘을 합치자는 약속이에요. 그러나 2023년 온실가스는 오히려 늘어나 역대 최고치를 기록했고, 2024년에도 이산화 탄소가 계속 늘었어요. 약속을 지키는 게 점점 더 어려워지고 있답니다.

북극의 기온이 오르면?

북극의 기온은 지구의 다른 곳과 비교해 두 배 이상 높아졌어요. 사람들이 마구 쓰고 있는 석탄, 석유, 천연가스 같은 화석 연료 때문이지요. 이전에는 북극 북쪽 지역의 경우 바다를 덮고 있는 얼음인 해빙이 1년 내내 지속됐어요.

해빙은 사냥이나 수영을 하다 지친 북극곰에게 쉴 곳을 제공해 주는 아주 중요한 삶의 터전이에요. 또, 해빙은 북극곰이 새끼를 낳으면 새끼들이 홀로 설 수 있을 때까지 좋은 집이 되어 주지요. 그런데 북극의 기온이 가파르게 올라가면서 해빙의 양이 빠른 속도로 줄어들기 시작했어요. 이제 북극곰은 헤엄치다 지쳐도 올라가서 쉴 곳이 없게 된 거예요. 북극곰뿐만 아니라 바다코끼리 등과 같은 동물도 사정은 같아요.

북극은 동물뿐만 아니라 지구의 기후를 형성하는 데도 중요한 영향을 끼쳐요. 그래서 북극의 기후가 변하는 것은 북극에만 영향을 미치는 것이 아니라 전 세계에 막대한 변화를 가져오게 되지요.

북극곰이 어디로 갈지 몰라 방황하는 모습이에요. 기온 상승으로 해빙이 점점 줄어들고 있기 때문이지요.

북극의 기온이 올라가 빙하가 녹으면 바다의 염분 농도가 감소하게 되어요. 그럼 해류의 움직임과 바다 생물의 다양성에 영향을 미쳐요.

또, 북극이 따뜻해지면서 다른 지역과의 기온 차이가 점점 줄어들게 되면, 북극의 차가운 공기와 따뜻한 지역의 공기가 충돌하면서 만들어지는 제트 기류의 속도에도 영향을 주어요. 제트 기류가 빠르게 이동하는 것이 아니라 특정 지역에 오래 머무르게 되는 거예요. 그 결과 중국이나 미국 같은 특정 지역에 집중적인 폭설이 일어나거나, 가뭄이 오랜 기간 지속되는 등의 현상이 발생하게 되는 거지요.

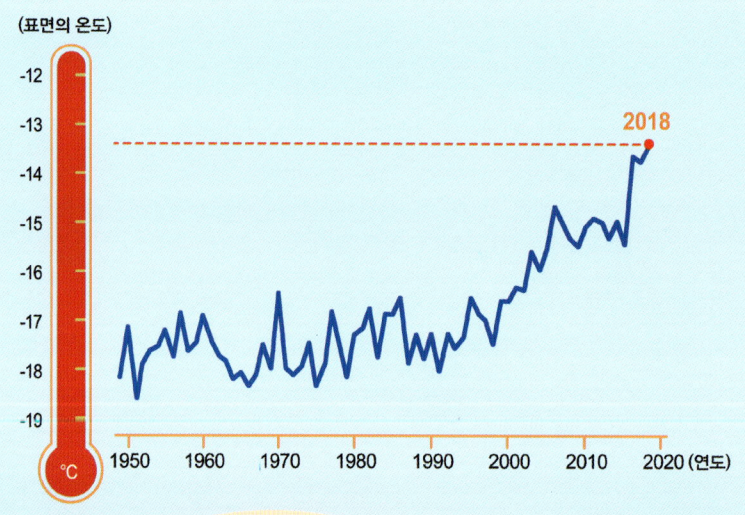

북극의 기온 상승

위 그래프는 북극 표면의 온도 변화를
보여 주는 그래프예요.
이 그래프에 따르면 지난 30년 동안 북극의
표면 온도는 5도 상승했지요.

자료 출처 : 재커리 미카엘 라베(Zachary Michael Labe)

또한, 북극의 영구 동토층이 녹으면 토양이나 바다 그리고 호수의 온도가 높아지고, 영구 동토층에 녹아 있던 이산화 탄소, 메탄 등이 대기로 노출되면서 기후 변화를 악화시키지요.

연구에 따르면 캐나다에 있는 영구 동토층만 녹아도 7천 5백만 메트릭톤에서 5억 6천만 메트릭톤의 이산화 탄소가 대기 중에 분출될 수 있다고 해요. 7천 5백만 메트릭톤의 이산화 탄소는 1천 4백만 대의 자동차가 1년 동안 거리를 돌아다니면서 내뿜는 이산화 탄소 양과 동일해요.

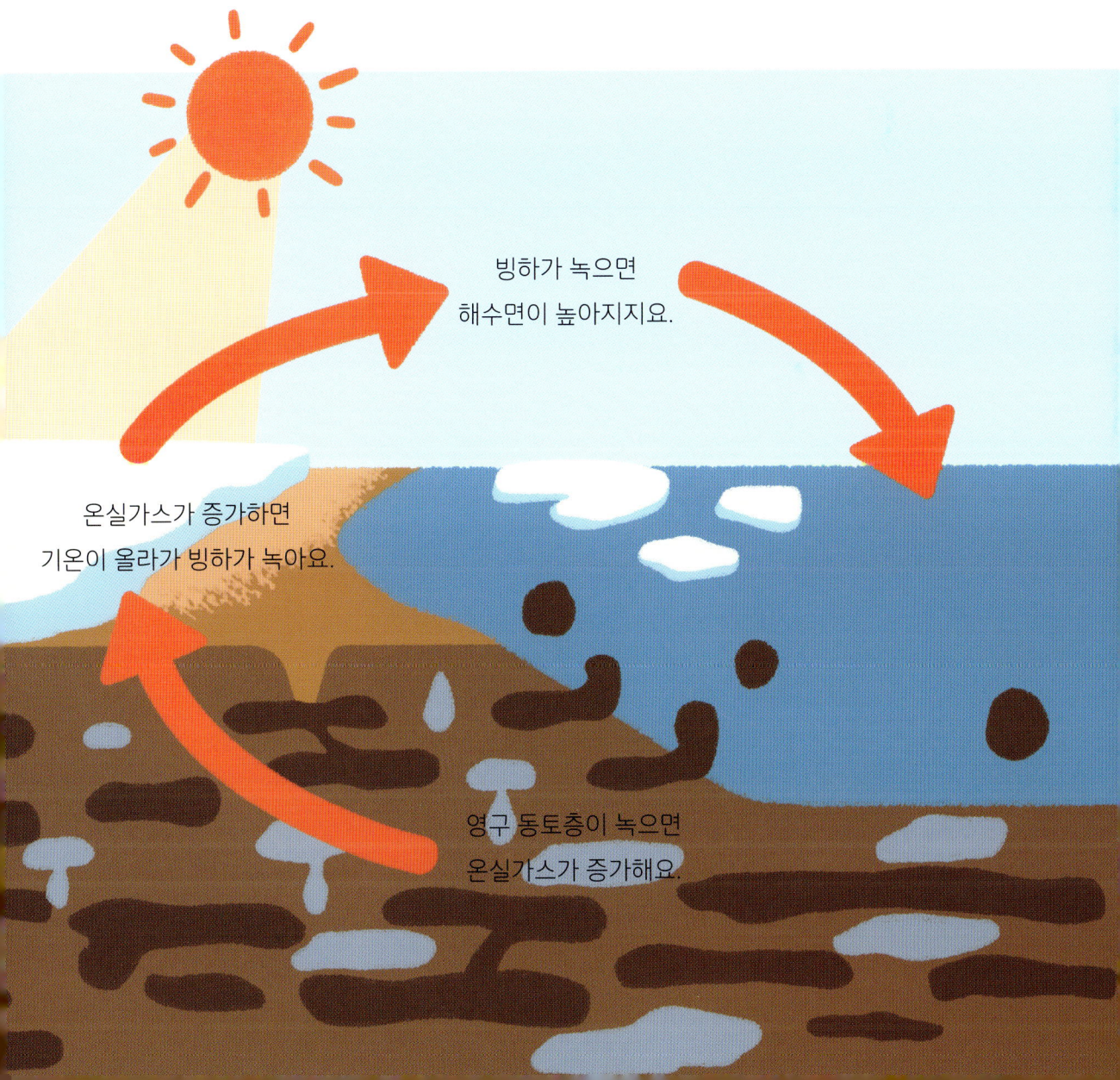

남극의 상황은 어떨까요?

남극의 기온은 북극보다 더 빨리 상승하기 시작했어요. 남극에서는 볼 수 없었던 온도인 17.5도까지 기온이 올라간 적도 있었지요. 그 결과 남극의 해빙도 북극처럼 점점 줄어들기 시작했어요. 펭귄에게 해빙은 쉼터일 뿐만 아니라 음식을 제공해 주는 중요한 터전이에요. 또한, 펭귄의 주요 먹이는 크릴이라는 새우예요. 크릴은 해빙에 서식하는 조류를 먹고 살아요. 그런데 해빙이 빠른 속도로 녹자 크릴의 먹잇감도 점차 사라지게 되었지요.

빙하는 수백 년에 걸쳐서 눈이 쌓이고 쌓여 만들어져요. 그런데 공기 중에 이산화 탄소가 많아지면서 지구의 기온이 올라가게 되었어요. 그 영향으로 바다도 따뜻해지면서 빙하의 밑동이 녹기 시작했지요. 밑동이 녹은 빙하는 위에 있는 빙하의 무게를 감당하지 못하고, 결국 바닷속으로 푹 가라앉고 말지요. 이런 방식으로 지난 30년간 빙하가 무너지면서 바다 해수면 높이가 1년에 3밀리미터씩 높아졌어요.

지구온난화 1.5도 특별 보고서

2100년까지 지구의 온도가 1.5도 넘게 올라가는 걸 막아야 한다는 보고서예요. 이 보고서에 따르면 해수면이 0.1미터만 높아져도 천만 명의 사람이 위험에 처할 수 있다고 해요.

펭귄의 삶의 터전인 해빙이 빠른 속도로 줄어들고 있어요.

1950년부터 남극에서 사라진 빙하의 양은 총 2만 5천 제곱킬로미터나 된다고 해요. 영국 사람들이 천 년 동안 사용한 수돗물의 양과 맞먹는 양이지요.

23

유럽에서는 무슨 일이 일어났을까요?

극지방의 기온이 올라가면서 북대서양의 기온도 같이 올라가고 있어요. 북대서양의 아열대 지방은 상대적으로 기온이 높고, 추운 지역인 그린란드 남쪽은 차가운 온도를 유지해야 해요. 그런데 그 균형이 기후 변화로 깨지고 있어요. 그래서 기류가 흐르지 못하고 북쪽 지역에 머물러 있는 상태가 지속되면서 뜨거운 공기가 형성되기 시작했어요. 이 기류는 유럽 기후에 아주 큰 영향을 미쳤어요. 어떤 영향을 주었을까요?

프랑스

폭염이 지속되면서 탈수증 또는 이상 고열로 많은 사람이 사망했어요. 특히, 노인이 더위로 목숨을 많이 잃었어요.

포르투갈

뜨겁고 건조한 기후로 인해 여러 번 산불이 났어요. 또한, 45도가 넘어가는 폭염 때문에 적색 경보를 발령하여 시민들의 야외 활동을 자제시켰어요.

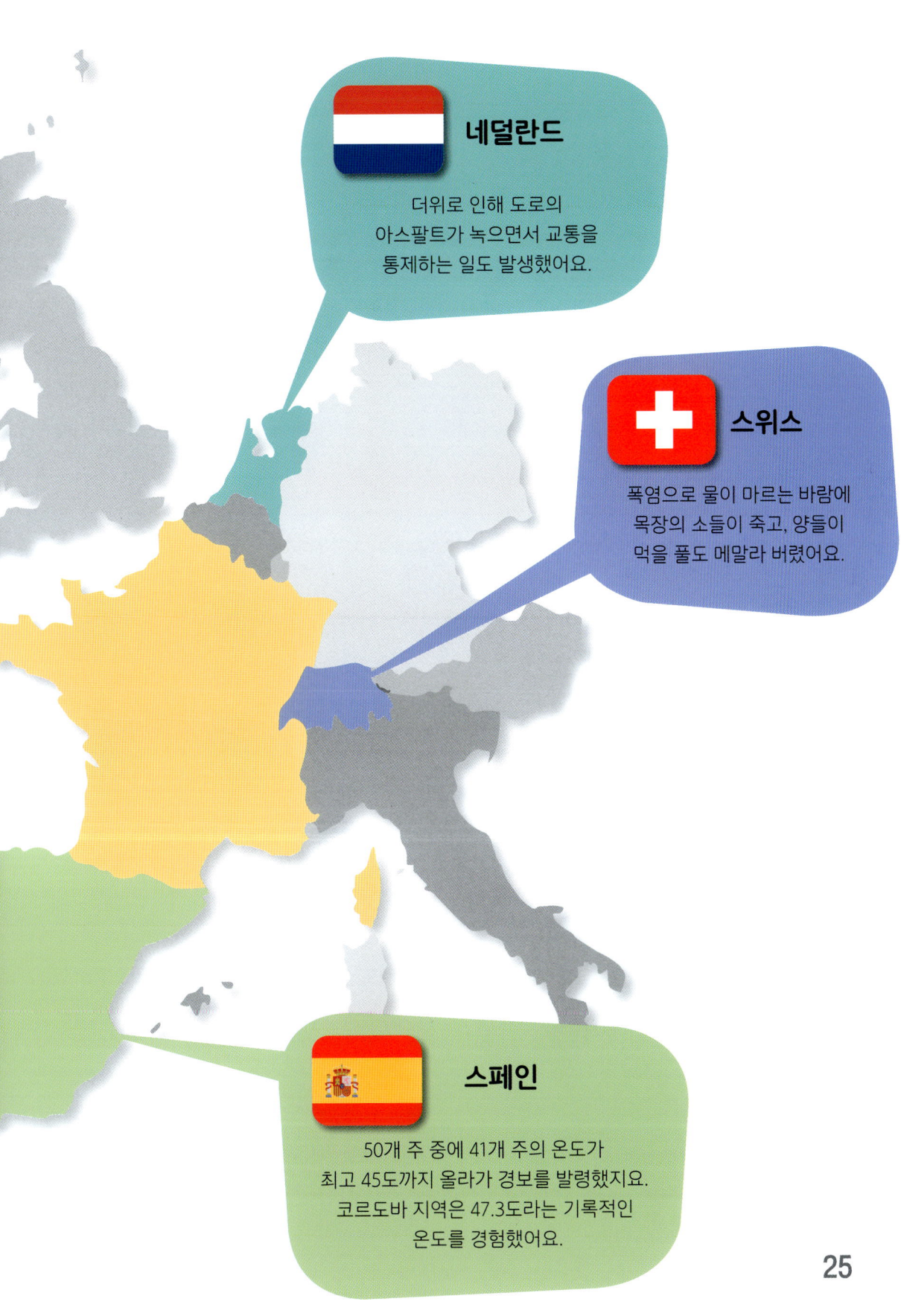

기후 변화를 늦추려면

　기후 변화를 늦추기 위해서는 화석 연료의 사용을 중단하는 것이 매우 중요해요. 하지만 화석 연료 사용을 지금 당장 중단하는 건 어려운 일이에요. 왜 어려울까요? 주변만 둘러보아도 그 이유를 쉽게 알 수 있어요. 집과 학교에서 사용하는 모든 전력이 화석 연료를 바탕으로 생산되고 있기 때문이지요. 화석 연료의 사용을 멈추려면 먼저 우리가 사용하는 전력을 재생 가능 에너지를 통해 생산하는 일이 시급해요.

　재생 가능 에너지란 석탄, 석유, 천연가스와는 달리 사용한 만큼 연료가 다시 생성되는 에너지 그리고 환경 파괴를 통해 생산되지 않는 에너지를 말해요. 재생 가능 에너지로는 태양광, 풍력, 해상 풍력, 지열 등이 있어요.

한국은 앞에서 말한 것처럼 화석 연료 수입을 많이 하는 나라예요. 그만큼 화석 연료를 많이 사용한다는 이야기지요. 화석 연료를 많이 쓰다 보니 지구의 온도를 상승시키는 이산화 탄소의 배출도 계속해서 증가하고 있어요. 이산화 탄소 배출량으로만 보면 한국은 세계 9위에 해당되어요. 전 세계의 기후 변화를 걱정하는 영국의 기후 변화 연구 기관인 '기후행동추적(Climate Action Tracker)'은 한국을 기후 변화를 막는 노력을 '매우 불충분하게 하는 국가'로 평가하고 있지요.

하지만 다행히도 국제 환경 보호 단체인 그린피스(Greenpeace)가 2022년 한국만을 대상으로 조사한 연구 결과에 따르면 한국은 풍부한 재생 가능 에너지 잠재량을 가지고 있다고 해요.

이미 전력 부문에서는 재생 가능 에너지로 생산하는 비중이 아주 높은 국가들이 있어요. 아이슬란드처럼 사실상 전력을 거의 100퍼센트 재생 에너지로 생산하는 나라도 있고, 파라과이, 노르웨이, 코스타리카 등 수력 자원이 풍부한 나라도 재생 에너지 비중이 매우 높아요. 또한, 독일은 최근 전력 생산의 약 59퍼센트를 재생 가능 에너지로 충당하고 있고, 우루과이, 덴마크 등도 재생 가능 전력 비중을 빠르게 늘려 가고 있어요.

재생 가능 에너지와 기업

아시아 기업 최초로 삼성전자가 100퍼센트 재생 가능 에너지를 통해 제품을 생산하기로 약속했고, SK하이닉스도 그 뒤를 이었어요. 하지만 재생 가능 에너지가 고작 9퍼센트인 한국에서 이 두 기업이 재생 가능 에너지를 사용할 수 있을지는 여전히 숙제로 남아 있어요.

재생 가능 에너지의 종류

태양광

태양광 기술은 태양 빛에서 전력을 생산하는 기술을 말해요. 태양광 장비는 태양 빛을 전력으로 바꿔 주는 전지를 포함하고 있어요. 전지는 태양 빛이 강할수록 더 많은 전력을 생산할 수 있지요. 태양광 장비는 직사광선만을 필요로 하지는 않아요. 흐린 날이나 비가 오는 날에도 생산력이 적긴 하지만 전기 생산이 가능하답니다.

풍력

풍력은 기술력이 매우 빠르게 진화하고 있어요. 유럽에 설치된 풍력 단지는 자연환경과 조화를 이루고 있어, 사람들의 엄청난 지지를 받고 있지요. 현재 풍력 기술은 풍속이나 기후 변화와 관계없이 전력 생산이 가능하답니다.

해상 풍력

해상 풍력은 1991년 덴마크에서 최초로 설치되었어요. 해상 풍력 단지는 수심이 약 10~20미터이면서 육지와의 거리가 20킬로미터 정도 떨어진 곳에 설치되고 있는데, 기술이 발전하면 육지와 좀 더 멀어진 곳에 설치할 수 있어요.

지열

지열은 땅에서 발생되는 열을 의미해요. 이 열은 지구 깊숙한 곳에서 생성되며, 지표면에 닿을 때쯤 거의 소멸되어요. 하지만 몇몇 지역에서는 지표면 가까운 곳에서 이 열을 에너지원으로 사용할 수 있어요.

세계의 친구들은

미국 정부를 고소한 제이미

16세 소녀 제이미 마골린은 미국 워싱턴주에서 제기된 기후 관련 소송인 '정부에 맞선 청소년' 재판의 원고 중 한 명이에요. 미국 헌법에 따르면, 모든 사람들은 생명을 유지하고 자유를 누리며 행복을 추구할 권리를 갖고 있어요. 하지만 제대로 숨을 쉬기조차 어렵다면 행복을 추구할 수 없지요. 지구가 생존에 부적합한 곳이 된다면 생명을 유지할 수도 없게 된다는 것을 제이미는 기후 변화를 겪으며 알게 되었어요. 그래서 지구가 사람이 살 수 있는 곳으로 남아 있길 바라며 이 소송을 제기하게 된 거예요.

 제이미가 살고 있는 시애틀 바로 뒷산에서 여름 산불이 났어요. 제이미는 산불로 인해 하늘이 온통 시꺼먼 연기로 가득 차 며칠 동안 숨 쉬기 힘들었던 기억이 있었어요. 산불로 발생한 연기 때문에 하늘도 볼 수 없었죠. 제이미는 인간이 산불을 통제할 수는 없지만 기후 변화가 이런 자연재해를 초래하고 악화시키고 있는 점은 분명하다고 생각했어요. 그래서 자연재해가 더 이상 악화하지 않도록, 할 수 있는 모든 일을 다 해야 한다고 결심했지요.

 "우리가 기후 변화를 위해 할 수 있는 가장 좋은 방법은 열심히 활동하고 있는 단체에 참여하는 것이라고 생각해요. 우리 지역에 어떤 환경 단체가 있는지 검색으로 찾아서 그 행사에 참여했고, 그렇게 시작한 것이 지금의 소송까지 이어졌어요. 제가 속한 단체는 제가 힘든 시간을 이겨 낼 수 있도록 저를 지켜 주었어요."

2장
코가 간질간질 머리가 지끈지끈

왜 답답한 마스크를 하게 된 걸까요?

언제부터인가 봄뿐만 아니라 여름, 가을, 겨울에도 하늘이 뿌연 날이 늘어나고 있어요. 또, 일기 예보에서는 미세 먼지 농도가 얼마인지 알려 주고, 얼마나 지속될지도 말해 주지요. 이렇게 우리가 사는 환경이 변화하면서 예전과 달라진 특징이 하나 있어요. 바로 학교에 갈 때 마스크를 쓰고 다닌다는 거예요. 그것도 감기에 걸릴 때 쓰는 면 마스크가 아니라 작은 필터를 통해서만 외부 공기가 들어오게 코와 턱을 모두 감싸는 아주 답답한 마스크를 말이죠. 왜 우리는 이런 답답한 마스크를 하게 된 걸까요?

최근 몇 년 동안 정부와 시민들이 함께 노력하면서 미세 먼지 농도가 조금 나아지긴 했어요. 하지만 여전히 많은 도시에서는 미세 먼지와 초미세 먼지가 '나쁨' 수준을 보이는 날이 자주 있지요. 특히 큰 도시는 상황이 더 심각해요. 눈에 보이지 않는 작은 먼지들이 우리 몸속으로 들어와 건강을 해치기 때문에, 사람들이 마스크를 쓰고 다니는 모습이 흔한 풍경이 되었답니다.

미세 먼지 가득한 서울 모습이에요.

눈이 아파요

눈은 마스크로 가릴 수 없기 때문에 미세 먼지로 인해 눈이 건조해지고 이물질이 낀 것 같아서 자꾸 눈을 비비게 되지요.

미세 먼지는 뭘까요?

　PM은 미세 먼지를 뜻하는 영어 Particulate Matter의 약자예요. 무게의 단위가 킬로그램(kg)이고 길이의 단위가 센티미터(cm)인 것처럼 미세 먼지도 측정하는 단위가 있어요. 바로 마이크로미터(μm)랍니다. 먼지의 크기가 몇 마이크로미터인지에 따라 미세 먼지와 초미세 먼지를 구분하지요. PM10(크기가 10마이크로미터) 이하면 미세 먼지, PM2.5(크기가 2.5마이크로미터) 이하면 초미세 먼지로 분류해요.

　초미세 먼지가 얼마나 작은 거냐고요? 2.5마이크로미터는 사람 머리카락 굵기의 20분의 1에서 30분의 1만큼이에요. 정말 작죠! 그래서 초미세 먼지는 사람 콧속의 코털에 걸러지지 않고 바로 폐까지 이동하지요. 폐로 운반된 초미세 먼지는 크기가 너무 작아서 모세 혈관을 타고 몸속 깊숙이 들어갈 수 있어요. 그래서 세계보건기구는 초미세 먼지를 1급 발암 물질로 지정했어요.

　중국에는 미세 먼지를 많이 배출하는 석탄 발전소가 많아요. 그래서 중국 미세 먼지의 영향은 바람의 방향에 따라 우리나라 공기 오염 요인의 최대 70퍼센트까지 차지하기도 해요. 하지만 대부분 오후가 되면 그 영향력이 줄어들고, 우리나라 내부 요인이 70퍼센트까지 올라가지요.

지구의 온도가 올라가면 대기의 흐름이 느려지고 한 지역에서 공기가 오래 머물게 되는데, 우리나라의 미세 먼지 문제도 이와 관련이 깊어요. 다시 말해, 북극의 기온이 빠르게 올라가면서 찬 공기가 한국으로 밀려 내려오지 못하고 따뜻한 공기들이 우리 하늘에 멈춰 있는 거예요. 그러면 우리가 만들어 낸 미세 먼지들이 빠져나가지 못하고 우리나라 하늘에 계속 머물게 되지요. 이런 현상을 '대기 정체'라고 불러요.

매년 대기 오염으로 약 7백만 명의 사람들이 전 세계에서 목숨을 잃고 있어요. 아래 표에서 보듯이 영국의 경우에는 8퍼센트, 약 5만 명 정도가 대기 오염으로 인해 사망하는 것으로 조사되었어요. 또한, 경제협력개발기구 조사 결과에 의하면 한국의 경우 2060년이 되면 100만 명당 사망자가 1천 명이 넘는 경제협력개발기구 회원국 중에서 유일한 나라가 된다고 해요. 한국의 대기 오염 문제가 그만큼 심각하다는 것

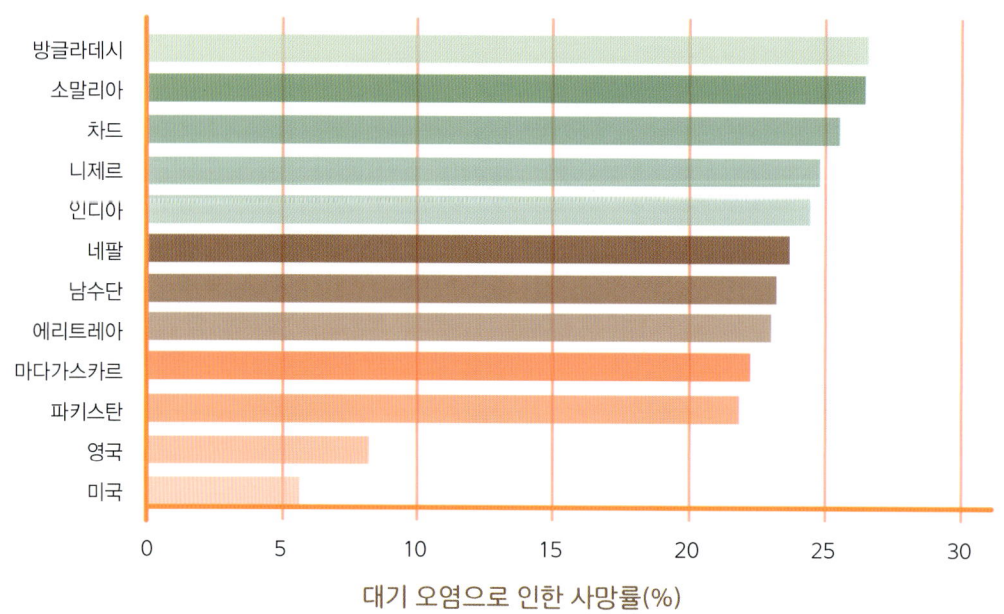

자료 출처 : 랜싯 환경 오염·보건 위원회(2015년)

이지요.

　대기 오염은 우리의 목숨을 앗아갈 뿐만 아니라 지능도 떨어뜨린다는 연구 결과도 있어요. 미국의 유명한 대학인 예일대학교의 공공 건강 관련 연구팀은 대기 오염이 심한 중국에서 대기 오염이 지능에 어떤 영향을 미치는지 연구했어요. 2만 명을 대상으로 2010년과 2014년 두 차례에 걸쳐 연구를 진행했지요. 그 결과 오염된 공기에 더 많이 노출된 사람들의 언어 능력이 수학 능력과 비교했을 때 현저히 떨어지는 것으로 조사되었어요. 또한, 남자가 여자보다 대기 오염의 위험에 더 약한 것으로 나타났어요.

　그래서 세계 여러 나라에서는 대기 오염을 막기 위한 노력을 시작했어요. 다음은 대기 오염을 막기 위한 각 나라의 노력들이에요.

 영국

영국 정부는 2030년부터 휘발유·경유 자동차 생산을 단계적으로 줄여 가겠다고 발표했어요. 다만 일부 하이브리드 차량은 2035년까지 판매가 허용되고, 전기차 전환을 위해 대규모 지원책을 마련하고 있답니다.

*하이브리드: 휘발유나 경유 같은 연료와 전기를 함께 써서 움직이는 자동차

 ## 스페인

스페인의 마드리드는 2025년부터 도시 전역을 '저배출구역(LEZ)'으로 지정해, 무공해 차량을 제외한 차의 진입을 제한하기로 했어요. 이를 어길 경우 벌금이 부과되기도 해요.

 ## 노르웨이

노르웨이는 2025년까지 새로 판매되는 모든 차량을 전기차로 바꾸겠다는 목표를 세웠어요. 2024년에 판매된 차 90퍼센트가 전기차였고, 오슬로 시내는 이미 전기차와 자전거, 대중교통 중심으로 바뀌고 있답니다.

 ## 독일

독일은 여러 도시에 '움벨트존(Umweltzone)'을 지정해 배출가스가 많은 노후 차량의 도심 진입을 규제하고 있어요.

 ## 멕시코

멕시코의 멕시코시티는 지금도 'Hoy No Circula' 제도를 운영해요. 번호판과 차량 등급에 따라 평일 하루는 운행이 금지되고, 일부 차량은 토요일에도 제한을 받지요. 이렇게 약 200만 대 차량이 규제를 받고 있어 스모그 줄이기에 활용되고 있답니다.

 ## 프랑스

프랑스 파리는 차량에 붙이는 'Crit'Air' 스티커로 오래된 차의 도심 진입을 막고 있어요. 전기차 보급과 자전거 도로 확장 같은 정책도 함께 추진한 결과, 20년 후 미세 먼지와 이산화 질소 농도가 절반 이상 줄었답니다.

 ## 덴마크

덴마크의 코펜하겐은 인구 절반 이상이 자전거를 이용하는 '자전거 도시'예요. 계속해서 자전거 전용 도로를 넓히고, 버스와 지하철 같은 대중교통을 친환경적으로 바꾸는 노력을 하고 있지요.

 ## 벨기에

벨기에의 브뤼셀에서는 매년 9월에 하루를 정해 온종일 모든 차의 운행을 금지하고 있어요. 또한, 자동차 없는 구역을 점점 확장해 나가고 있답니다.

 ## 미국

샌프란시스코는 마켓스트리트 핵심 구간에서 민간 차량 진입을 막고, 자전거와 보행자 중심으로 운영해 왔어요. 버스, 응급차 등 예외 차량만 제한적으로 통행할 수 있어요.

미세 먼지는 정말 중국 탓일까요?

미세 먼지가 심한 날이면 으레 신문이고, 뉴스고, 어디를 가든 미세 먼지의 원인이 중국 탓이라는 소리를 쉽게 들을 수 있어요. 그런데 이렇게 중국 탓을 한다고 공기가 좋아질까요? 맑은 공기를 위해 우리가 할 수 있는 일은 뭘까요?

우리나라가 중국과 가까이 있는 것처럼 유럽 국가들도 다른 나라와 매우 가깝게 위치하고 있어요. 심지어 한국보다 이웃 국가들의 영향을 더 많이 받기도 하지요. 예를 들어, 폴란드에는 석탄 발전소가 많이 있어서, 폴란드와 인접한 국가는 미세 먼지의 영향을 그만큼 많이 받을 수밖에 없어요. 하지만 인접 국가들은 다른 나라를 탓하는 것에 머무르지 않고, 자신이 해결할 수 있는 문제를 먼저 해결하려고 노력한답니다. 예를 들면 석유를 많이 사용하는 자동차 판매를 제한하는 일 같은 거지요.

지구의 온도를 계속해서 올리는 화석 연료는 전기를 만드는 데만 사용되는 게 아니에요. 전 세계 온실가스의 증가 원인 중 가파르게 증가하고 있는 것이 바로 자동차를 포함한 교통수단의 발달이지요.

한국에는 2024년 기준, 하루 평균 1만 6천 대의 차들이 거리를 달리고 있어요. 서울과 경기도 같은 대도시에서 발생하는 초미세 먼지

의 원인 중 하나는 자동차 뒤 파이프로 나오는 배기가스 속 질소 산화물이에요. 질소 산화물은 미세 먼지를 유발할 뿐만 아니라, 지구의 온도를 올라가게 하는 온실가스를 발생시키는 원인이기도 하지요. 또한, 자동차 배기가스에서는 이산화 탄소도 발생되어요.

지구 온도가 2도 올라가면 산호초는 99퍼센트가 죽게 되어요. 쌀이나 옥수수의 생산량도 급격하게 줄어든답니다.

기후 변화의 심각성을 각국 정부에게 알리는 기후 변화에 관한 정부 간 협의체(IPCC, Intergovernmental Panel on Climate Change) 보고서는 우리가 지구에서 살려면 지구 온도가 1.5도 넘게 올라가지 않아야 한다고 해요. 그러기 위해서는 2030년까지 이산화 탄소 배출량을 지금보다 45퍼센트 이상 줄여야 한다고 경고해요.

자동차 회사들의 거짓말

일본의 자동차 회사인 닛산은 자동차 판매량으로 세계에서 선두 자리를 줄곧 차지해 온 큰 기업이에요. 하지만 닛산은 2018년, 배기가스 관련 데이터 조작을 인정했어요.

그런데 자동차 회사들의 거짓말은 이게 처음이 아니에요. 독일의 자동차 회사인 폭스바겐은 석유 중 등급이 낮은 경유가 오히려 깨끗하다는 마케팅을 앞세워 많은 차량을 판매했어요. 그러나 2015년 미국의 환경청은 '깨끗한' 경유는 거짓말이며, 이 자동차 배기가스에서 나오는 질소 산화물은 미국 환경 기준을 40배나 초과했다고 밝혔어요. 결국 폭스바겐은 미국에 사과하고, 전 세계에 판매한 수백만 대의 자동차를 리콜하기로 결정했어요. 그런데도 한국에서는 온실가스와 대기 오염 물질을 내뿜는 자동차를 만드는 자동차 제조사에 충분한 책임을 묻고 있지 않아요.

그래서 유럽에서는 더 이상 판매되지 않는 경유차의 처분 통로가 되고 있지요.

대기 오염을 줄여요

인도

인도는 화석 연료인 석탄 사용량이 전 세계에서 두 번째로 많은 나라예요. 그래서 대기 오염이 무척 심각하지요. 최근 인도의 수도 뉴델리는 대기질 지수가 500에 달했어요. 대기질 지수는 대기 오염이 사람에게 미치는 영향을 수치로 표현한 지표예요. 대기질 지수가 높을수록 사람들에게 악영향을 끼치지요. 대기질 지수 500은 매우 심각한 상태를 뜻해요. 뉴델리에서는 푸른 하늘을 보기 힘들 뿐만 아니라 숨을 쉬고 눈을 뜨기조차 힘들다고 해요. 그래서 인도 델리에 사는 친구들은 인도의 보건부 장관을 만나 깨끗한 공기를 위한 대책 마련을 요구했어요.

중국

중국의 대기 오염은 매우 심각해 폐 질환, 천식 같은 호흡기 질환까지 일으켜요. 그래서 중국 정부는 석탄 사용량을 규제하고, 신규 석탄 화력 발전소 건설을 금지했어요. 그 덕분에 베이징의 초미세 먼지는 크게 줄었어요. 또한, 중국의 북부 26개 도시의 초미세 먼지도 3분의 1로 줄었지요. 2013년부터 2018년까지 베이징은 석탄 소비량을 97퍼센트나 줄였답니다.

벨기에

벨기에의 수도인 브뤼셀에서는 대기 오염이 심한 날에 대중교통과 자전거를 무료로 탈 수 있어요. 또한, 장기적으로는 자동차의 시내 유입을 전면적으로 금지하려고 하지요. 벨기에 사람들은 차 타는 걸 싫어하냐고요? 아니에요. 브뤼셀은 유럽에서 자동차 의존도가 적지 않은 도시예요. 시민의 약 35퍼센트가 자가용으로 출퇴근을 하거든요. 그런데도 환경을 위해 휘발유와 경유 차량의 운행 금지를 검토하고 있어요. 또한, 2030년에는 모든 버스를 전기차로 바꾸기로 계획하고 있답니다.

인도네시아

인도네시아는 5세 이하의 아동 사망 위험 원인 중 하나가 대기 오염일 만큼 대기 오염이 매우 심각해요. 자카르타 환경청에 따르면 자동차 배기가스가 자카르타 시내 대기 오염 원인의 70퍼센트를 차지한다고 해요. 그래서 인도네시아의 수도인 자카르타에서는 시내 큰 도로에 자동차가 다니지 못하게 하는 '차량 금지의 날'과 차량 2부제를 시행하고 있답니다.

태국

태국의 수도 방콕의 대기 오염은 지금도 심각해요. 2025년 1월에는 도심 대부분에서 초미세 먼지가 세계보건기구(WHO)가 정한 안전 기준의 5배를 넘을 정도로 치솟았고, 그 영향으로 학교 수백 곳이 문을 닫고 많은 회사들이 재택근무를 시행했답니다.

카시콘경제연구소의 분석에 따르면, 초미세 먼지가 방콕의 호흡기 질환 환자 수를 증가시킨 것으로 밝혀졌어요. 방콕 시민 1,100만 명 중 최소 240만 명이 알레르기와 호흡기 질환으로 고통받고 있다고 해요. 쭐랄롱콘대학교의 교통연구소 소장인 마노즈 로하테파노 부교수는 대기의 질을 향상하기 위해서는 거리의 차량을 줄여야 한다고 주장했어요. 그리고 그의 주장대로 긴 새해 연휴 기간 동안 도심의 차량 수가 현저히 줄어들자 방콕 시내 공기는 눈에 띄게 개선되었어요.

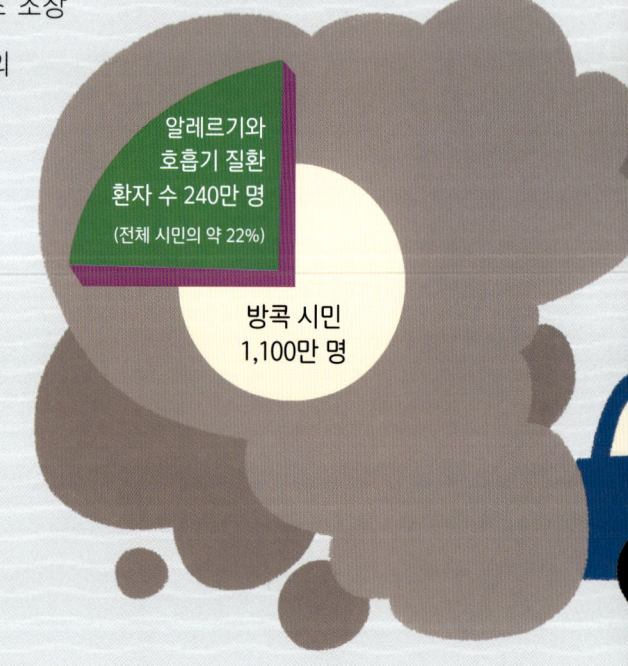

초미세 먼지로 뒤덮인 방콕 모습이에요.

49

전기 자동차가 궁금해요

요즘은 태양이나 바람으로 만든 전기로 달리는 전기 자동차가 아주 인기예요. 2016년에는 전 세계에서 약 77만 대가 팔렸지만, 2024년에는 1,700만 대가 넘게 팔렸어요. 노르웨이는 새로 사는 자동차의 10대 중 약 9대가 전기 자동차고, 네덜란드와 스웨덴도 10대 중 약 3대가 전기 자동차예요. 전 세계 전기 자동차의 대부분은 중국에서 팔리고 있답니다.

그런데 전기 자동차가 뭐냐고요? 전기 자동차는 이름 그대로 전기로 움직이는 자동차를 말해요. 크게 세 종류가 있어요. 배터리로 가는 전기 자동차와 플러그인 하이브리드 전기 자동차, 연료 전지차이지요. 배터리 전기 자동차는 전력을 통해 배터리를 충전하고 그 힘으로 가는 자동차예요. 플러그인 하이브리드는 전기 충전도 가능하지만 휘발유나 경유를 사용하는 엔진이 함께 탑재된 자동차예요. 연료 전지차는 공기 중 산소와 압축 수소를 통해 화학 에너지를 전기로 변환하여 차를 움직이게 하는 전력을 생산해요.

전기 자동차는 화석 연료인 휘발유나 경유를 사용하지 않고 전기를 통해 배터리를 충전하는 방식으로 작동해요.(플러그인 하이브리드 전기 자동차는 휘발유나 경유도 사용 가능해요.) 이때, 환경을 보호하려면 전기

전기 자동차를 충전하고 있어요.

자동차는 화석 연료로 만들어진 전기가 아니라 재생 가능 에너지를 통해 충전해야 해요. 그런데 우리나라는 재생 가능 에너지가 10퍼센트 안팎이에요. 그래서 아파트나 건물, 주차 공간에 재생 가능 에너지 시설을 꾸준히 확대해 나가야 해요. 이 방법만이 우리의 목을 아프게 하고, 머리를 지끈지끈 아프게 하며, 답답한 마스크를 쓰게 하는 대기 오염을 줄이고 기후 변화를 늦출 수 있는 유일한 방법이거든요.

 전기 자동차는 휘발유나 경유 같은 화석 연료를 이용해 온실가스 및 대기 오염을 유발하는 질소 산화물을 내뿜으며 가는 내연 기관 자동차와는 달리 엔진 없이 달려요.(플러그인 하이브리드 전기 자동차는 엔진이 있어요.) 그래서 엔진이 들어가는 커다란 공간이 비어서 자동차의 내부 공간을 넓게 사용할 수 있어요. 또한, 엔진이 없어서 운전할 때 소음이 적어요. 그리고 무엇보다 화석 연료를 연소하는 과정에서 배출되는 유독 가스가 배출되지 않지요. 게다가 30분 이내로 고속 충전할 수 있고, 한 번 충전으로 서울에서 부산까지 주행할 수도 있을 만큼 전기 자

동차의 기술이 발전했어요. 또한, 앞으로도 전기 자동차 기술은 계속 발전될 거예요.

대규모 석탄 화력 발전소나 원자력 발전소는 한번 고장 나면 고치는 데 시간이 오래 걸려요. 또, 갑자기 전력 사용량이 많아지면 그 수요를 감당하지 못해 과부하가 걸릴 수 있고, 최악의 경우 정전이 될 수도 있지요. 그럼 우리는 몇 분도 견디기 힘들 거예요.

그런데 재생 가능 에너지는 달라요. 예를 들어 태양광은 날씨가 더워 에어컨을 틀어야 할 때, 다시 말해 태양이 가장 뜨거울 때 전력을 가장 많이 생산해요. 그리고 집집마다 연결되어 있거나 분산형으로 설치되어 있어 하나가 고장 나더라도 다른 태양광 발전소에서 전력을 가져올 수 있어요. 개인의 경우에는 전기 자동차에 저장된 전력을 이용하거나 태양광을 저장해 놓은 배터리를 사용할 수 있지요.

세계의 친구들은

등교 거부 운동을 펼친 툰베리

그레타 툰베리는 스웨덴에 살고 있는 학생이에요. 2018년 스웨덴은 극심한 폭염에 시달렸어요. 그리고 그 폭염으로 큰불까지 일어났지요. 이 일로 툰베리는 어른들이 왜 기후 위기 해결을 위해 나서지 않는지 답답했어요. 그래서 자신부터 기후 위기 해결을 위해 나서야겠다고 결심했지요.

툰베리는 2018년 8월 스웨덴 의회 앞에서 기후 위기 해결을 위한 등교 거부 운동을 시작했어요. 등교 거부를 통해서라도 세상에 기후 위기 문제의 심각성을 알리기로 결심한 거지요. 툰베리가 등교 거부 운동을 시작한 지 얼마 지나지 않아, 그녀와 뜻을 같이하는 수많은 청소년들이 세계 곳곳에서 등교 거부 운동을 함께 펼치고 있어요. 이 일로 툰베리는 2019년에 노벨평화상 후보에 올랐답니다.

기후 변화를 막기 위한 툰베리의 노력은 거기서 멈추지 않았어요. 툰베리는 12살 때 기후 변화 현실을 알고 나서는 고기를 안 먹기 시작했다고 해요. 왜냐하면 육식의 섭취는 대량의 메탄을 배출하기 때문이지요. 이후로도 툰베리는 환경을 위해 꾸준히 목소리를 내고 있어요. 2025년 8월 노르웨이의 연료를 가공하는 공장 시위에도 참여해 화석 연료 사용을 줄이라고 요구했답니다.

기후 변하는 인류 생존의 중요한 문제예요. 하지만 툰베리는 기후 변화로 인류 역사상 가장 심각한 위기에 처해 있는데도, 사람들은 아무런 노력이나 희생 없이 기후 문제를 해결할 수 있을 거라고, 모든 것이 그냥 잘 해결될 거라는 안이한 생각에 빠져 있다고 말해요.

툰베리는 지금 내가 어떻게 하느냐에 따라 자신의 인생과 지식들, 손주들의 삶이 크게 달라질 거라면 지금 당장 우리 모두가 기후 변화를 막기 위해 나서야 한다고 주장해요.

음식이랑 날씨랑 무슨 상관일까요?

　우리가 먹는 음식을 재배하는 농업은 현대에 들어 대규모로 산업화되었어요. 그러면서 점점 더 많은 온실가스를 배출하고 있어요. 온실가스는 지구의 온도를 높이는 주범이지요.

　농업에서 배출되는 온실가스는 전체 온실가스의 24퍼센트에 달해요. 특히, 소와 돼지 같은 가축을 키울 때 발생되는 온실가스는 지구 전체 온실가스의 14퍼센트를 차지한답니다. 소 같은 반추 동물의 고기를 생산하는 데 발생하는 온실가스는 콩을 생산하는 데 발생하는 온실가스보다 약 100배나 많아요. 또한, 인간은 더 많은 농산물을 재배하고, 동물들을 기르기 위해 수많은 산림을 훼손하고 있어요. 벌목되는 삼림 중 전체의 80퍼센트가 우리가 먹은 음식 때문이라고 해요. 가축의 먹이로 쓸 풀을 재배하기 위해 사용되는 땅은 전체 지구 면적의 26퍼센트에 달한다고 해요.

　게다가 농작물이나 가축을 생산해 내기 위해서는 휘발유와 경유를 사용하는 트랙터를 비롯하여 많은 농기구를 이용해야 해요. 또, 여러 종류의 살충제와 화학 비료도 사용해요. 이때 살충제와 화학 비료를 견디지 못하는 종류의 채소와 과일 등은 사라지게 된답니다.

말레이시아 보르네오섬에 있는 숲이 기름야자를 심기 위해 벌목되고 있어요.

59

예전에는 전 세계적으로 크기와 모양, 맛이 다른 여러 종류의 상추가 재배되었어요. 하지만 지금은 아이스버그 양상추와 로메인 양상추 이 두 가지만 볼 수 있지요.

아이스버그　　　　로메인

옥수수

1930년대에 멕시코에서는 농부들이 100가지의 다양한 종류의 옥수수를 키웠어요. 하지만 지금은 20가지 종류밖에 남지 않았답니다.

쌀

쌀 하면, 중국이나 한국, 일본 그리고 동남아시아와 인도의 쌀만 생각해요. 아프리카의 건조하고 매우 더운 환경에서 자랐던 2만여 종이 넘는 쌀은 완전히 잊히고 있지요. 그래서 2억 4천만 명의 서아프리카 사람들은 쌀을 수입해서 먹어요.

밀

1940년대까지만 해도 중국에서는 1만여 종의 다양한 밀이 재배되었어요. 하지만 지금은 고작 그것의 10퍼센트 정도의 밀밖에 재배하고 있지 않아요.

벌

농작물뿐만 아니라 벌도 사라지고 있어요. 과일, 견과류, 채소의 대부분은 벌의 도움으로 열매를 맺어요. 벌이 꽃가루를 옮겨 주지요. 그런데 벌의 서식지가 기후 변화로 인해 빠른 속도로 사라지고 있어요. 2024년부터 2025년 사이, 미국 농가에서 기르던 벌집 절반 이상이 사라졌어요. 이상 기후로 평균 기온이 올라가면서 꽃이 피는 시기가 빨라져서, 벌이 꽃가루를 옮길 준비가 되었을 때는 이미 꽃이 시들기 시작하지요. 또한, 대규모 농업으로 대량 사용되는 살충제도 벌에게는 치명적이에요.

엄마 아빠와 마트와 시장에 가면 한번 확인해 보세요. 양배추의 종류는 몇 가지인지, 딸기나 사과의 종류는 몇 가지인지요.

사람들은 고기를 얼마나 먹을까요?

학교에 가면 으레 점심시간이 손꼽아 기다려져요. 오늘 메뉴가 뭔지 궁금하지요.

우리가 건강하게 자라고 생활하려면, 음식을 통해 몸에 필요한 영양분을 섭취해야 해요. 음식을 잘못 먹으면 우리 몸을 해치게 되니까요. 그래서 우리 식탁에 오른 음식들이 어디서, 어떻게 길러졌고 어떻게 운반되었는지 아는 것은 매우 중요하지요.

1970년대 이후, 지구에 사는 야생 동물의 70퍼센트가 사라졌어요. 하지만 가축의 수는 세 배가 늘었다고 해요. 어떻게 이런 일이 가능한 걸까요? 우리가 먹는 가축이 공장식 대량 축사에서 채소나 과일처럼 종이 선택되어 길러지고 있기 때문이에요.

공장식 생산 방식

공장식 생산 방식은 생물의 다양성을 해치는 것뿐만 아니라 수자원을 오염시키고, 산림을 파괴하며, 해양 자원 또한 파괴해요. 농업의 산업화가 빠르게 진행되고 있는 선진국의 경우 이런 현상은 더더욱 두드러지지요.

산업화된 양계장 모습이에요.

63

이런 공장식 형태의 고기 및 유제품 생산 방식 때문에 2024년 한 해에만 소 110만, 돼지 1,900만, 닭 10억만 마리가 도축됐어요.

전 세계 육류 소비량을 살펴보면, 1961년부터 2020년까지 닭고기 소비는 폭발적으로 늘어났어요. 소고기 소비량은 17퍼센트, 돼지고기는 4퍼센트가 감소한 반면, 닭고기 소비량은 8배 이상 증가했지요. 이런 속도로 계속해서 육류의 소비량이 증가하게 되면 머지않아 830억 마리 이상의 동물이 전 세계에서 인간에게 잡아먹힐 목적으로 사육되고 도축될 거예요.

＊가금류: 집에서 기르는 조류

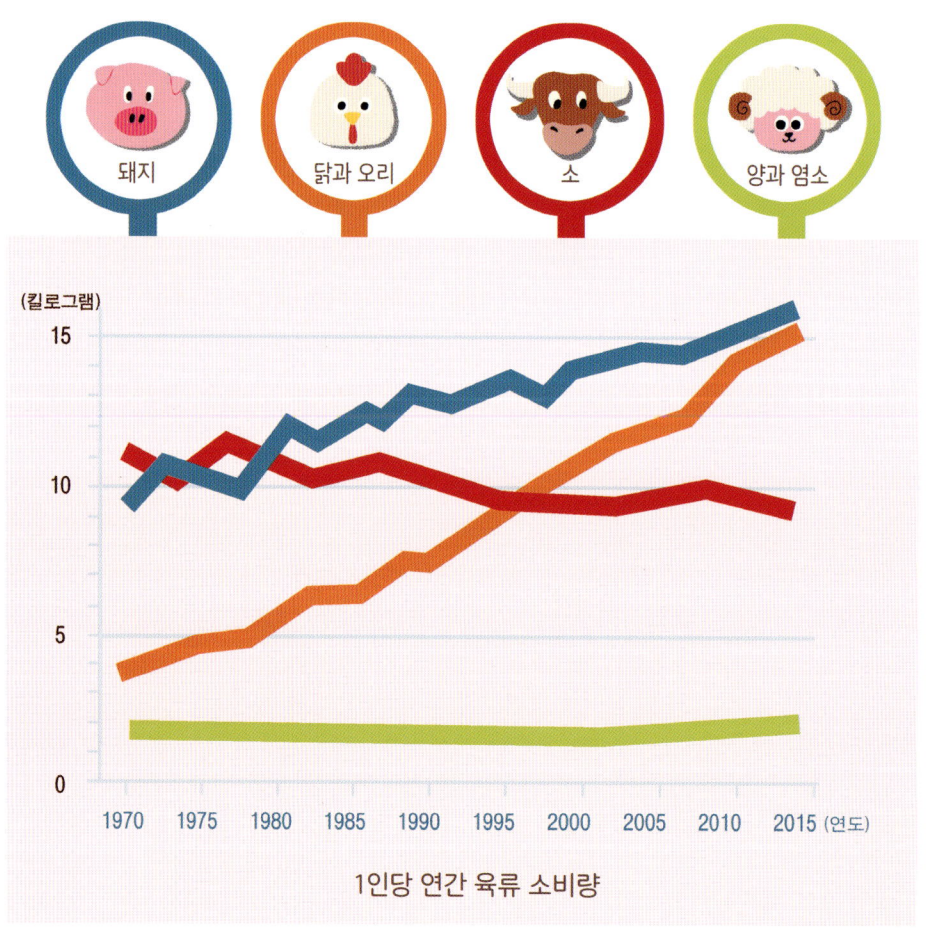

1인당 연간 육류 소비량

우리나라의 육류 소비 또한 가파르게 늘어났어요. 2000년 1인당 31.6킬로그램이었던 육류 소비량은 2023년 68.2킬로그램으로 2배 넘게 증가했지요. 햄과 소시지 같은 가공육 시장은 꾸준히 성장하고 있어요. 특히 초등학생과 청소년들 식단에서 빠지지 않고 소비되고 있지요.

90% 증가

2023년 한국의 육류 소비량은 2000년 대비 90퍼센트 증가했어요.

최근 10년 꾸준히 증가

가공육 소비량은 2010년대에 해마다 3퍼센트씩 늘었고, 2021년에는 전년보다 12퍼센트 늘었어요.

고기랑 지구는 무슨 관계일까요?

공장식 축산업을 위한 사료 재배 때문에 자연환경이 엄청나게 훼손되고 있다는 걸 아나요? 한 통계에 의하면 전체 곡식 생산량의 40퍼센트가 가축의 사료로 사용된다고 해요. 대두의 경우에는 수확량의 80퍼센트가 사료로 사용되고 있어요. 또한, 전 세계 농지의 75~80퍼센트가 가축을 기르고 먹이는 데 이용되고 있지요.

전 세계에서 소비되고 있는 고기 생산의 절반가량은 개발 도상국에서 이루어지고 있어요. 이들 지역은 대부분 열대 지역으로 생물의 다양성이 매우 풍부한 지역이에요. 그러나 가축 생산으로 인해 주변 환경을 훼손함으로써 생물의 다양성을 해치게 되지요. 특히, 소고기를 생산하기 위해서는 다른 육류 및 유제품 생산을 위해 사용하는 땅보다 28배 더 큰 땅이 필요해요.

지구의 허파 아마존

아마존 열대 우림은 브라질을 비롯하여 콜롬비아, 페루 그리고 남미의 다른 나라들까지 펼쳐져 있는 광대한 숲이에요. 이 숲은 세계에서 가장 큰 열대 우림으로 수천 개에 달하는 강과 다양한 생물이 있어요. 식물은 광합성을 통해 지구의 온도를 높

아마존 열대 우림이 소규모 농장으로 바뀐 모습이에요.

이는 이산화 탄소를 공기 중에서 흡수하고, 산소를 공기 중으로 다시 내뿜어요. 다시 말해, 아마존 같은 거대한 열대 우림이 없다면 지구의 온도는 더욱 빠르게 상승하게 되고, 기후 변화도 가속화될 거예요.

세계에서 가장 넓은 열대 우림 아마존에는 1,500억~2,000억 메트릭톤의 탄소가 묻혀 있어요. 이 양을 이산화 탄소로 바꾸면 5,500억 메트릭톤에 이르고, 1,200억 대가 넘는 자동차가 1년 동안 운행했을 때 발생하는 양과 맞먹어요. 만약 이들 중 일부가 공기 중으로 새어 나오면 지구 온난화는 더 빠르게 진행될 거예요.

그런데 문제는 아마존에서 가축을 키우기 위해 땅을 개간하고 산림을 파괴하여 이미 약 17퍼센트의 숲이 사라졌다는 거예요. 그 결과 해마다 약 10억 메트릭톤의 이산화 탄소가 공기 중으로 배출되고 있어요.

10억 메트릭톤의 이산화 탄소는 얼마나 되는 양일까요? 미국 한 가정의 2022년 전력 연간 평균 사용량은 10,791킬로와트시(한국보다 약 3배 많은 양)였어요. 10억 메트릭톤의 이산화 탄소는 약 2억 3천만 가구가 1년 동안 전기를 사용할 때 나오는 양이에요.

지금도 아마존에서는 날마다 축구장 크기의 숲이 없어지고 있어요. 이렇게 숲을 파괴하는 가장 큰 목적은 소고기 생산을 위해서예요.

그래서 2050년까지 육류 및 유제품 생산의 절반을 줄이는 것이 매우 중요해요. 지구의 온도를 높이는 온실가스를 농업 축산 분야에서

만 64퍼센트(2050년 온실가스 예상 증가치 기준)까지 줄일 수 있기 때문이지요.

육류를 줄이는 사람들

락토오보 베지테리언

고기를 전혀 먹지 않아요. 하지만 계란, 꿀처럼 동물을 죽이지 않고 생산한 것들은 먹어요.

비건

동물의 몸에서 나오는 어떤 것도 먹지 않아요.

페스카테리언

소고기, 돼지고기, 닭고기 등은 먹지 않고, 생선 및 해산물과 채소는 먹어요.

플렉시테리언

일주일에 한 번 고기 먹지 않기 등의 목표를 세워 가며, 고기 먹는 횟수를 줄이는 사람들을 일컬어요.

세계의 사람들은

육류 소비 줄이기

기후 변화에 고기가 끼치는 영향이 매우 크다는 것을 인식한 여러 나라에서는 육류 소비를 줄이려는 노력을 하고 있어요. 이는 기후 변화뿐만 아니라 우리의 건강에도 도움이 되지요.

프랑스

프랑스 국회는 2018년 10월 국립 및 사립 학교 급식에 일주일에 한 번은 무조건 채식 메뉴를 제공하는 법안을 통과시켰어요. 이 법안 통과로 인해 프랑스 전국에 있는 학교는 더 건강한 식단을 미래 세대인 아이들에게 제공해야 할 의무가 생겼지요.

덴마크

덴마크에서 두 번째로 큰 도시인 오르후스는 기후 변화를 막고 시민들의 건강도 지킬 수 있도록, 육류 소비 감축 정책을 추진하고 있어요. 학교, 유치원, 요양원 등 공공 급식에서 채식 메뉴를 늘려 시민들이 채식을 선택할 수 있게 하고 있어요.

미국

워싱턴 컬럼비아 시의회는 2018년 12월 미국 최초로 공립 학교 급식에 채식으로 구성된 아침과 점심을 매일 제공하라는 법안을 통과시켰어요. 비건 급식의 경우도 부모의 요구가 있을 경우 제공 가능해졌지요. 컬럼비아시 전체에 영향을 미칠 '좋은 식재료 구매 프로그램'을 통해 학교는 육류 및 유제품 소비를 줄일 수 있어요. 이런 움직임은 지역을 중심으로 빠르게 퍼져 나가고 있는데 이미 오스틴, 버펄로, 시카고, 신시내티, 덴버, 뉴욕, 미니애폴리스, 오클랜드, 샌프란시스코 등의 학교, 병원 그리고 다른 공공 기관에서 좋은 식재료 구매 프로그램을 채택하도록 노력하고 있지요.

오스트리아

오스트리아에서는 사람들이 더 건강하게 먹을 수 있도록 유기농 음식을 많이 쓰고 있어요. 2018년에 '바이오란트 부르겐란트'라는 계획을 시작했는데, 이건 "우리 지역에서 유기농 식품을 더 많이 쓰고, 농사도 유기농 방식으로 바꾸자!" 하고 세운 약속 같은 거에요. 이 계획은 목표보다 훨씬 잘 이루어졌고, 2023년에는 '최고의 유기농 지역' 상도 받았답니다. 특히 학교와 여러 공공 기관에서 쓰는 식재료의 70퍼센트가 유기농으로 바뀌었어요.

퀴즈 퀴즈

1 기후 변화는 왜 일어나게 되었을까요?

2 화석 연료를 사용하면 왜 문제가 될까요?
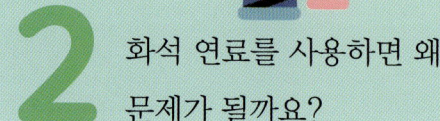

3 지구의 기온 상승으로 어떤 일이 일어나나요?

4 다음 중 맞으면 ○, 틀리면 ×표 하세요.
(1) 깨끗한 경유로 달리는 자동차는 공기를 맑게 해 준다. (   )
(2) 북극곰의 거주지와 쉼터인 커다란 얼음이 점점 녹아내리고 있다. (   )
(3) 펭귄은 기후 변화의 영향을 받아 먹이가 더 풍부해졌다. (   )
(4) 해가 갈수록 기후 변화로 옥수수의 종류가 다양해지고 있다. (   )
(5) 대기 오염을 해결하기 위해 재생 가능 에너지 사용을 늘려야 한다. (   )

5 다음 중 재생 가능 에너지는 무엇일까요?
① 석탄
② 석유
③ 지열
④ 천연가스
⑤ 나무

6 소나 가축을 대량으로 키우면 주로 발생하는 온실가스는 무엇인가요?

7 해빙은 어떤 역할을 하나요?

8 남극에 대한 설명으로 옳지 않은 것을 모두 골라 보세요.
(1) 남극의 기온은 북극보다 느리게 상승했다.
(2) 17.5도까지 올라간 적도 있다.
(3) 해빙은 펭귄에게 쉼터뿐만 아니라 음식도 제공하는 중요한 장소다.
(4) 해빙이 빠른 속도로 녹은 덕분에 바다에 크릴이 많아졌다.
(5) 지난 30년간 빙하가 무너지면서 해수면이 1년에 3밀리미터씩 높아졌다.

9 초미세 먼지는 우리 몸에 어떤 영향을 끼치나요?

10 육류 소비를 줄이는 것이 왜 중요한가요?

행동하기

기후 변화를 막기 위해 지금 내가 할 수 있는 10가지

1. 쓰지 않는 전기 코드는 빼서 전기 아끼기
2. 가까운 거리는 걷거나 자전거로 이동하기
3. 장거리 여행은 전기 자동차 또는 기차 이용하기
4. 일주일에 세 번 채소 위주로 먹기
5. 일회용품 사용하지 않기
6. 여름이나 겨울에 실내 온도는 적정 온도로 하여 에너지 절약하기
7. 친환경이 입증된(삼림 무단 벌목이 아닌) 종이 제품 사용하기
8. 청구서나 영수증은 종이 대신 이메일 또는 모바일로 받기
9. 기업에게 친환경 활동을 요구하는 청원서에 서명하기
10. 기후 변화와 관련된 뉴스에 관심을 기울이고, 가족이나 친구들과 뉴스 공유하기

다 함께 힘을 모아 기후 변화 막기

1. 학교나 집에 태양광 발전기 설치 제안하기
2. 기후 변화를 막기 위한 단체에 가입하거나 캠페인 활동하기
3. 멸종 위기 해산물(치어나 생선알)을 학교 급식에서 사라지게 하는 운동하기
4. 일주일에 한 번 채식 급식 제안하기
5. 기후 변화에 대한 토론회, 영화 상영회 제안하기
6. 기후 변화에 대한 전시회 방문하기

기후 변화 관련 단체

그린피스 www.greenpeace.org/korea

기후변화센터 www.climatechangecenter.kr

기후변화행동연구소 climateaction.re.kr

기후솔루션 forourclimate.org

세계자연보호기금(WWF) www.wwfkorea.or.kr

유엔기후변화협약 www.unfccc.int

환경운동연합 kfem.or.kr

잠깐!

초미세 먼지가 심한 날에는 초미세 먼지를 막을 수 있는 KF94 인증 마스크를 착용하고 외출해야 해요. KF94란 미세 먼지를 94퍼센트 이상 걸러 낼 수 있다는 뜻이에요.

더 알아보기

경유차

경유를 연료로 사용하는 자동차를 말해요. 경유는 끓는점이 250~350도 사이에서 유출되는 석유를 말해요. 경유차는 다른 차들보다 더 많은 환경 오염 물질을 배출해요.

내연 기관 자동차

내연 기관은 실린더(원통 모양의 장치) 내부에서 연료를 연소시켜 동력을 발생시키는 엔진을 가리켜요. 경유차와 휘발유차는 내연 기관으로 움직여요.

마이크로미터

미터의 백만 분의 일에 해당하는 길이의 단위예요.

대기

지구의 중력에 의하여 지구 주위를 둘러싸고 있는 공기(기체)를 가리키는 말이에요.

배기가스

내연 기관 등에서 필요하지 않아 밖으로 배출되는 가스를 말해요. 배기가스에는 수증기와 이산화 탄소, 일산화 탄소, 질소 산화물 등이 들어 있어요. 배기가스는 대기를 오염시키고 우리 몸에도 해로워요.

반추 동물

되새김질을 하는 동물을 가리켜요. 다시 말해 소화 과정에서 한번 삼킨 먹이를 다시 게워 씹어 먹는 동물들을 말해요. 소나 기린, 사슴, 양, 낙타 등이 있어요.

산호초

산호충의 분비물인 탄산 칼슘이 오랜 시간 쌓여 만들어진 암초예요. 산호초는 전 세계 물고기의 4분의 1에 서식처를 제공하고, 해안 지역의 침식을 막아 줘요. 그런데 지구 온난화로 산호초가 백화로 죽어 가고 있어요. 만약 산호초가 사라지면 바다 식량은 급감하게 되고, 해안 침식도 일어나서 지구 생존에 아주 큰 영향을 미칠 수 있어요.

영구 동토층

물의 어는점인 0도보다 낮은 온도로 유지되는 토양을 말해요. 극지방이나 고위도 지역에 주로 분포해요. 지구 온난화로 영구 동토층이 녹으면서 지구 환경에 아주 큰 위험 요소가 되고 있어요.

유제품

가축의 젖을 가공하여 만든 모든 제품을 일컫는 말이에요. 버터나 치즈, 분유, 연유가 유제품에 속해요.

이산화 탄소

지구 전체 대기의 0.04퍼센트를 차지해요. 이산화 탄소는 온실가스를 구성하는 대표적인 기체이기도 하지요. 화석 연료를 사용하는 양이 늘어나면서 이산화 탄소도 증가하고 있어요. 또한, 이산화 탄소는 온도가 낮을수록 물에 잘 녹아드는 성질이 있어요. 그래서 지구 온난화로 바닷물이 따뜻해지면 공기 중에 이산화 탄소가 더 많이 생겨나게 되지요.

제트 기류

지상 9,000~1만 미터 높이에서 수평으로 부는 아주 강한 바람을 말해요. 시속 100~250킬로미터로 불어요. 아주 강하게 불 때는 시속 500킬로미터에 이르지요. 차가운 공기를 가진 제트 기류는 빠른 속도로 움직이면서 찬 공기와 따뜻한 공기를 골고루 섞어 주어요. 이렇게 해서 지구의 온도를 적절하게 유지시켜 주는 역할을 해요.

해빙

바다에 떠 있는 얼음을 말해요. 해빙은 지구 표면의 약 7퍼센트를 차지해요. 하지만 지구 온난화로 해빙이 점점 줄어들고 있어요.

퀴즈 퀴즈 정답

1 지구의 온도가 올라갔기 때문이에요. 지구의 온도를 상승시키는 주요 원인은 온실가스예요. 온실가스의 종류는 이산화 탄소, 메탄, 아산화 질소 등이 있어요. 지난 150년간 온실가스가 증가한 가장 큰 이유는 우리가 화석 연료를 사용해 전기를 생산하고 그로 인해 이산화 탄소의 배출이 많아졌기 때문이지요. 또한, 교통수단과 공장식 가축 산업도 온실가스 증가에 큰 영향을 주어요.

2 석탄, 석유, 천연가스와 같은 화석 연료를 사용하면 온실가스의 하나인 이산화 탄소의 양이 증가해 지구의 온도가 높아져요.

3 ① 폭염이 지속된다. ② 산불이 오랜 시간 지속된다. ③ 가을 태풍이 발생한다. ④ 빙하가 녹아 해수면이 상승한다. 등

4 (1) ×   (2) ○   (3) ×   (4) ×   (5) ○

5 ③ 지열은 땅에서 발생하는 열을 에너지원으로 사용하는 거예요.

6 메탄

7 해빙은 사냥이나 수영을 하다 지친 북극곰에게 쉴 곳을 제공해 주고, 펭귄에게는 쉼터뿐만 아니라 먹이를 제공해 주어요.

8 (1) 남극은 북극보다 더 빨리 기온이 상승하고 있어요.
(4) 크릴은 해빙에 서식하는 조류를 먹고 사는데, 해빙이 녹아 없어져 크릴의 먹잇감도 줄고 있지요. 그 결과 크릴도 줄고 있어요.

9 우리 몸 깊숙이 들어가 여러 가지 병을 일으킬 수 있어요. 초미세 먼지는 세계보건기구(WHO)가 선정한 1급 발암 물질이에요. 다시 말해 초미세 먼지로 인해 우리 몸에 암이 생길 수 있지요. 또한, 초미세 먼지로 인해 오염된 공기에 노출되면 언어 능력이 떨어질 수도 있어요.

10 채소보다 가축을 기를 때 온실가스가 더 많이 발생되므로 육식을 줄이는 것도 기후 변화를 막는 한 가지 방법이에요. 소와 돼지 같은 가축을 대량으로 키울 때 발생하는 온실가스는 전체 온실가스의 14퍼센트나 차지한다고 해요. 소 같은 반추 동물의 고기를 생산하는 데 발생하는 온실가스는 콩을 생산하는 데 발생하는 온실가스보다 약 100배 많이 배출된답니다.

함께한 사람들

글 이현숙 JUDE

2013년부터 국제환경단체 그린피스에서 활동했습니다. 기후 변화를 늦추기 위해 화석 연료 및 에너지 관련 다양한 캠페인을 진행하고 있습니다. 2018년부터 유럽 8개국에서 진행된 내연 기관 자동차와 대기 오염 캠페인의 어드바이저 역할을 해 왔습니다. 현재 그린피스 동아시아 서울 사무소 프로그램 국장으로 일하며, 사람들이 기후 변화가 자신의 일임을 깨닫고 기후 변화를 막는 일에 동참하도록 힘쓰고 있습니다.

그림 홍선미

대학에서 시각 디자인을 공부했습니다. 세계 여러 곳을 여행하면서 보고 듣고 느낀 것들을 그림으로 그리고 있습니다. 그린 책으로 《120 사운드 그림 백과》《딸깍딸깍 안녕~ 달님스위치》 등이 있습니다.

사진저작권

다니엘 벨트라(Daniel Beltrá)_그린피스 19쪽

마골린 제이미 페이스북 30쪽

셔터스톡 15쪽, 28쪽, 29쪽, 35쪽, 49쪽, 51쪽, 59쪽, 60쪽, 63쪽, 67쪽, 70쪽

엘사 팔리토(Elsa Palito)_그린피스 54쪽

연합뉴스 9쪽

이리 레작(Jiri Rezac)_그린피스 23쪽